# Tato kniha patří:

A Parragon Publishing Book
Copyright © 2002 Parragon
Queen Street House
4 Queen Street
Bath BA1 1HE, UK

Text © 2004 Jana Hejná
Czech edition © 2004 Nakladatelství Slovart

Hans Christian Andersen
O malé jedličce
Podle anglického originálu The Little Fir-tree
(Marks and Spencer, London, 2001)
převyprávěla Jana Hejná
Ilustrovala Caroline Pedlerová
Editor Petr Hejný
Vydalo Nakladatelství Slovart, s. r. o., v roce 2004
Vydání první
Sazbu zhotovil Alias Press Bratislava
Vytištěno v Číně

ISBN 80-7209-594-3

10 9 8 7 6 5 4 3 2 1

**www.slovart.cz**

# O malé jedličce

*Na motivy Hanse Christiana Andersena*

*Ilustrovala Caroline Pedlerová*
*Převyprávěla Jana Hejná*

**H**luboko v lese rostla malá jedlička. Kolem ní
stály vysoké stromy a ona se cítila malá a křehká.
„Kdy už budu také tak velká?" zeptala se zvířátek.
„Však se dočkáš," odpověděl jí zajíc a hopkal pryč.
Nespěchej s tím tolik," radily jí myšky.
„Všechno má svůj čas," zatroubil mocným hlasem jelen.

Uběhly dva roky a jedlička poporostla. Jednoho dne se v lese
objevili dřevorubci s pilami a sekerami a začali porážet okolní stromy.
Mohutné jedle padaly k zemi jako třísky. Dřevorubci jim osekali větve
a kmeny odvezli pryč. Zbyla po nich jen řada pařezů a trpká vůně pryskyřice.
„Kam je odvezli?" zeptala se jedlička moudré staré sovy. „Do loděnice v přístavu,
odpověděla sova. „Budou z nich stožáry na velkých plachetnicích."
„To by se mi líbilo, plavit se na lodi po mořích a oceánech," zasnila se jedlička.

A opět přišla zima a napadl sníh. Blížily se Vánoce.
V lese se objevili muži se sekerami a sáněmi.
Jedlička zvědavě pozorovala, jak se brodí hlubokým sněhem.
Muži se rozhlíželi, jako kdyby něco hledali.
„Podívejte, to je krásná jedle!" zvolal jeden z nich a ukázal
na stromek nedaleko jedličky. „Máš pravdu, není ani velký,
ani malý. Je prostě tak akorát," souhlasili ostatní. Vzali sekery
a mladou jedli porazili. Pak ji naložili na sáňky a odjeli.
„Co s ní teď bude?" ptala se jedlička moudré sovy.
„Postaví ji do osvětlené místnosti, slavnostně ji ozdobí
a budou se z ní radovat," odpověděla sova.
„To by se mi také líbilo, proč jsem ještě tak malá?"
posteskla si jedlička.

Přešel opět jeden rok a jedlička poporostla o další kousek.
Před Štědrým dnem přijel do lesa muž se sáněmi, psem a rýčem.
Chodil sem a tam a hledal nejkrásnější stromek ze všech.
„Já, já, vyberte si mě!" zavzdychala jedlička. Náhle k ní přiběhl pes a zaštěkal.
„A vida, Zorko, ty jsi našla tu nejhezčí jedličku v celém lese," usmál se muž.
Pak opatrně vyrýpl jedličku i s kořeny ze země a naložil ji na sáňky.
„Nakonec přece jen nadešel můj čas," jásala jedlička.

Na cestě lesem doprovázeli jedličku
její zvířecí kamarádi. Když dojeli na konec,
vykoukl na obloze stříbrný měsíc.
„Podívej, měsíčku," zavolala na něj jedlička,
„vybrali si mě, protože jsem nejkrásnější!"
„Hodně štěstí, maličká," usmál se na ni měsíc.

Jedličku postavili ve velkém květináči
do nádherné místnosti a ozdobili ji krásnými
skleněnými koulemi, svíčkami, řetězy a cukrovím.
„Kdyby mě tak mohli vidět moji kamarádi z lesa,"
přála si jedlička.

Nadešel Štědrý večer. Okolo jedličky bylo živo.
Děti rozbalovaly dárky, jásaly radostí, tancovaly a zpívaly.
Dospělí se radovali s nimi.
„Tohle je nejšťastnější den mého života," říkala si jedlička.
„Všichni mě mají rádi a už to tak bude napořád."
Úplně přitom zapomněla, že by se jí mělo stýskat po rodném lese.

Když se pak již připozdilo, posadila se do křesla u jedličky
babička a děti jí přinesly knížky, které našly pod stromečkem.
„Přečteme si nějakou pěknou pohádku," usmála se na ně babička
a dala se do předčítání. Po první pohádce následovala další
a pak ještě jedna. Nikomu se nechtělo jít spát.
„Copak mě mohlo v životě potkat větší štěstí?"
radovala se jedlička a už se moc těšila na příští den.

Ráno se jedlička nemohla dočkat, až se objeví děti,
ale nikdo nepřicházel. Místo nich vešel do místnosti
tatínek a sundal z ní všechny ozdoby a pamlsky.
Možná že mě ozdobí zase něčím jiným, pomyslela si jedlička.
Ale tatínek ji popadl a vynesl ji ven na dvůr. Svěží chlad
sněhu jí připomněl doby, které prožila v rodném lese.
Než se však nadála, zavrzala vrátka a ona se octla ve staré
dřevěné kůlně, kam sluníčko po celý den ani nezasvítilo.

Co se stalo? To má být všechno? rozhlížela se kolem sebe vyplašená
jedlička. Kde jsou ozdoby, svíčky a cukroví? A kam se poděly děti?
Nikdo jí však neodpovídal, jen za dveřmi kůlny hvízdal vítr.
Dlouho tak stála jedlička v tmavé kůlně a nevěděla, zda je den či noc.
„Proč jsem jen chtěla být velká?" stýskala si. „Jak dobře mi bylo u nás v lese."

Uběhl dlouhý čas a jedlička pořád stála opuštěná
v dřevěné kůlně. Jednoho dne však opět zavrzala vrátka
a vnitřek zalilo jasné sluneční světlo. Dovnitř vběhly děti,
které si sem přišly pro hračky uložené v kůlně přes zimu.
„Podívejte, to je přece náš vánoční stromek!" vykřikl
jeden chlapec. „Naše jedlička! Jak je chudák zaprášená!
Pojďte, očistíme ji a zasadíme ji někam ven!" A tak se také stalo.
Děti naložily jedličku na vozík, vyvezly ji z kůlny
a zasadily ji na louku pod zahradou.

Od těch dob roste jedlička na louce nedaleko lesa.
Ve větvích jí opět zpívají ptáčci a prohánějí se veverky
a občas ji přijdou navštívit i kamarádi z lesa.
„Jak se ti daří, jedličko?" ptají se jí. „Ještě pořád toužíš být velká?"
„Ale kdepak," usmívá se jedlička. „Vždyť já už přece
dobře vím, že všechno má svůj čas,"
dodá a těší se ze sluníčka, z větříku i z deště.
A má pravdu. Všechno má svůj čas.